I0116916

Moyens infaillibles
de devenir riche

PAR

Antoine de NOSSY

PARIS

ÉDITIONS PRESSE FRANÇAISE

12, Rue Servandoni, 12

1913

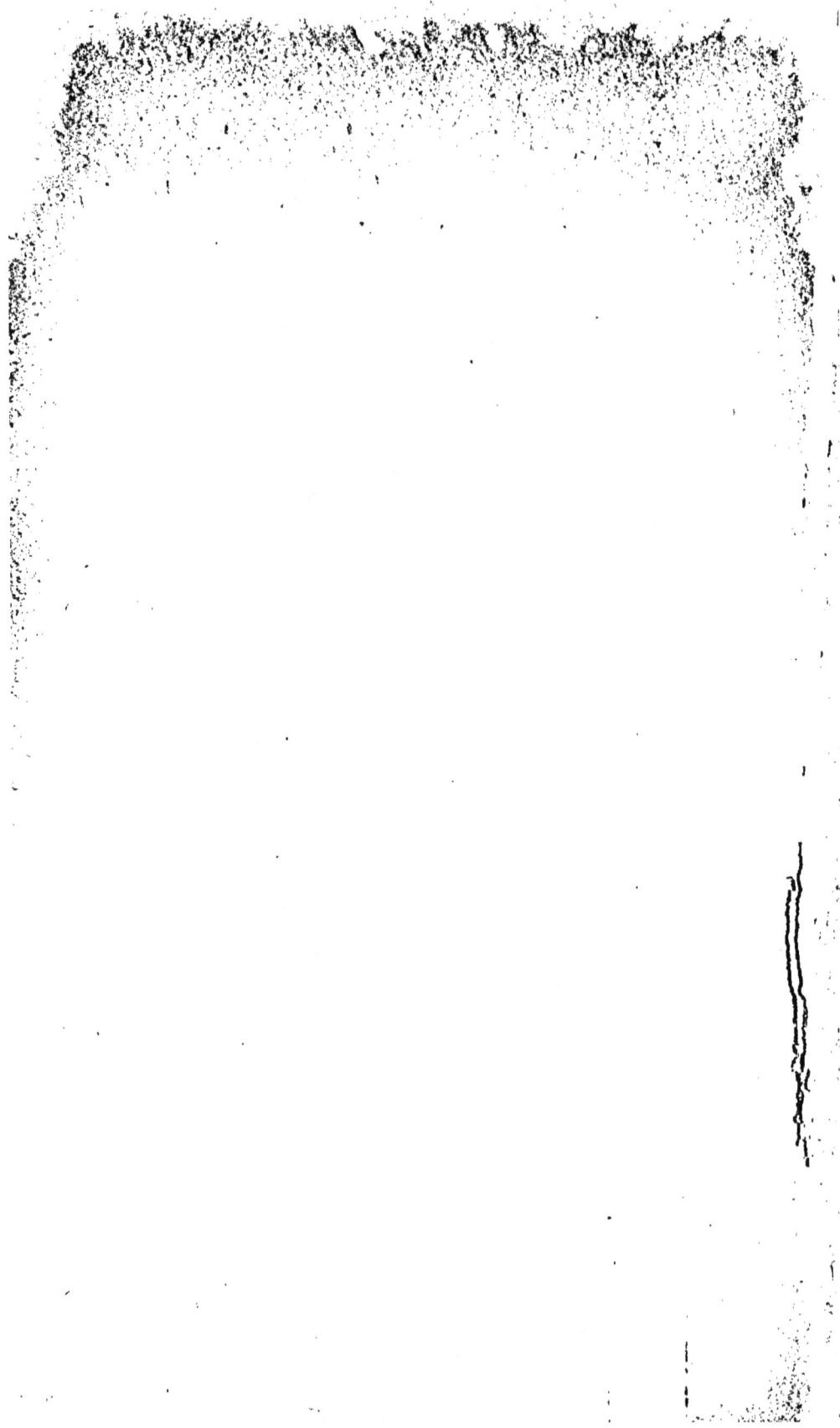

Moyens infaillibles de devenir riche

Moyens infaillibles de devenir riche

PAR

Antoine de NOSSY

PARIS

ÉDITIONS PRESSE FRANÇAISE

12, Rue Servandoni, 12

1913

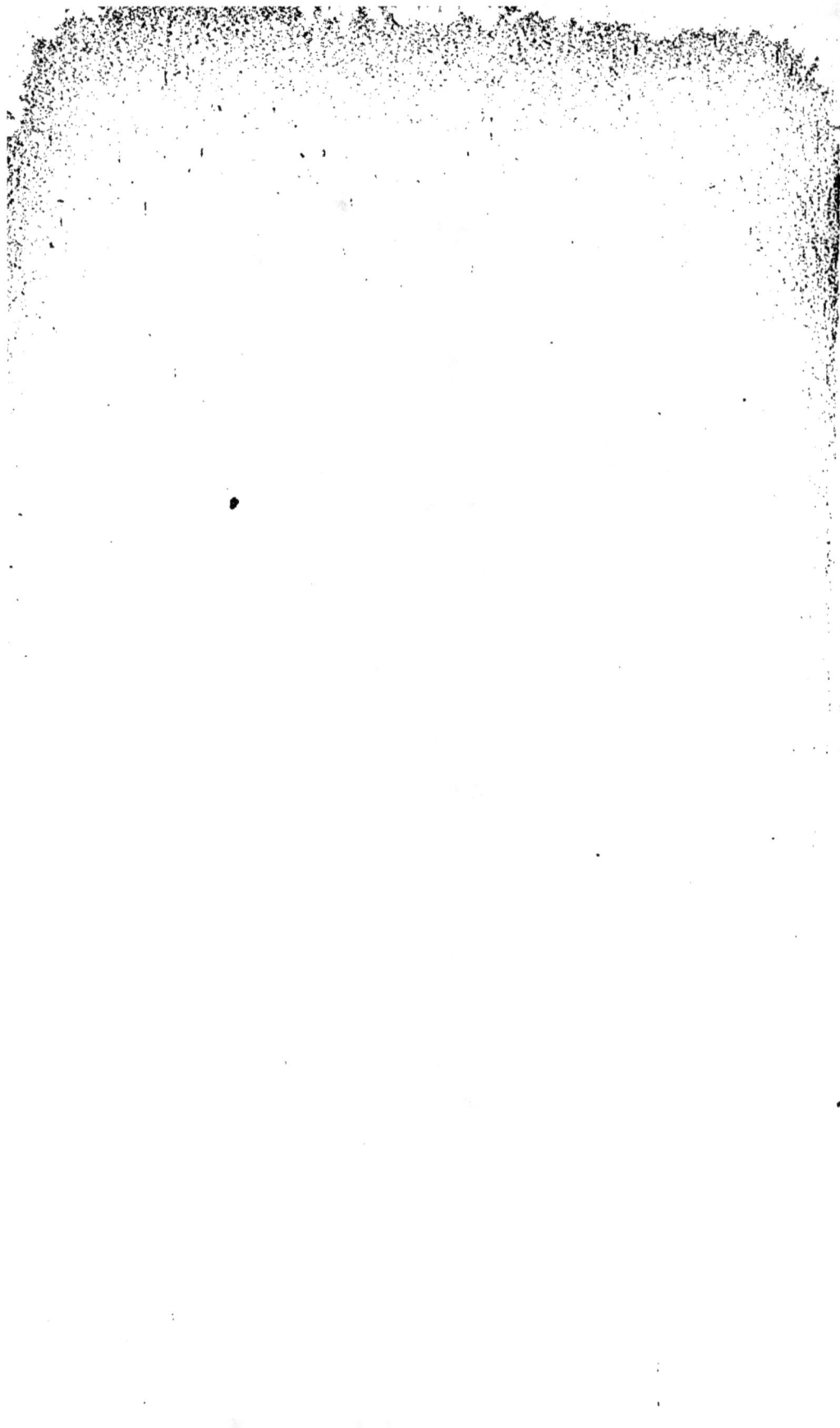

Moyens infaillibles de devenir riche

CHAPITRE PREMIER

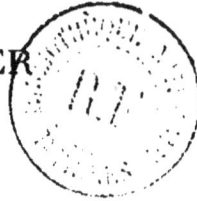

Le Travail

Qui n'a point fait et qui ne fait point encore le rêve de s'enrichir ?

Ceux qui ne possèdent pas voudraient, avec juste raison, se trouver à la tête d'une importante fortune. Ceux qui ont un peu désireraient beaucoup. Ceux qui ont beaucoup convoitent plus encore. Si bien que chacun demande sans cesse et laisse entrevoir que l'homme est insatiable quand il s'agit de la richesse.

Sans vouloir faire passer un nuage triste et sombre dans ce ciel si pur et si ensoleillé, créé par des imaginations en mal de chance, d'espoir, de rêves dorés, nous dirons que s'il n'est pas mauvais pour la gaieté de l'esprit de caresser de vaines espérances, il n'est pas inutile non plus de se mettre en face de la réalité et de raisonner un peu.

Peut-on, raisonnablement, s'enrichir sans faire contribuer toutes ses actions à cette fin ? Non. Il faut avant tout se préoccuper des moyens les plus efficaces et les plus honnêtes. La fortune ne vient pas souvent sans qu'on l'ait impérieusement sollicitée et sans qu'on ait tout fait pour obtenir ses faveurs. Elle ne procure le véritable bonheur qu'à la condition qu'on l'ait acquise par ses efforts, par son intelligence, par l'ordre dans ses affaires.

Nous allons ainsi passer en revue les meilleurs procédés, capables d'amener sûrement la richesse, et, en premier lieu, nous placerons le travail.

Le travail est la clef du bonheur et de la fortune en ce bas monde. Par lui seul, on peut acquérir une fortune, petite ou grande, qui satisfasse.

Rien n'est plus nuisible que l'oisiveté et la paresse, et qui s'y livre tombe forcément dans la misère.

Encore faut-il, pour tirer un véritable profit de son travail, savoir diriger celui-ci pour
en obtenir le plus de fruit possible. Pour cela,
il est nécessaire de se rendre esclave de bonnes
habitudes. Cet esclavage d'un genre nouveau
ne peut point dégénérer en un servage qui
rendrait malheureux ; au contraire, rien ne
pousse plus instinctivement l'homme à faire
quelque chose avec plaisir — ou au moins
sans déplaisir — que l'habitude. Qui a l'habitude du travail s'ennuie et souffre dès que
le repos lui est imposé, de la même façon que
le fumeur trépigne d'impatience et de mauvaise humeur quand on le prive de tabac.
C'est à nos enfants surtout que nous devons
faire prendre la bonne habitude du travail, et
nous y arriverons facilement si nous prêchons
par l'exemple.

Quel que soit le métier que nous exercions,
levons-nous tôt. A cinq heures, quittons notre
lit et procédons énergiquement à notre toilette. Il importe que cette dernière opération
soit faite rapidement, afin que l'éveil de nos
facultés et du jeu de nos articulations soit
complet et que nous sentions d'instinct le

besoin de nous mettre en mouvement. Cette façon de passer brusquement de l'état engourdi d'une nuit de sommeil à l'action vibrante, a plusieurs avantages : elle nous préserve de maux de tête, de lourdeurs, et surtout elle nous éloigne de l'atmosphère malsaine d'une chambre à coucher où l'oxygène bienfaisant de l'air s'est raréfié.

Déjeunons ensuite.

A cinq heures et demie, nous serons au travail. Une journée de labeur commence.

Arrêtons-nous un instant et voyons ce qui s'est passé dans un ménage d'ouvriers où ces indications seront suivies.

En une demi-heure, la maison a repris sa physionomie vivante. L'époux et l'épouse sont définitivement habillés ; le léger repas du matin leur a suffisamment garni l'estomac pour qu'ils puissent attendre la collation de neuf heures ; la toilette de l'appartement est faite ; le poêle, qui brûle, est éblouissant de propreté ; déjà la bonne soupe qui ne sera mangée qu'à midi, rejette son écume. Le potage n'en sera que meilleur et plus profitable, parce que le suc de la viande aura été mieux exprimé. Alors un moins gros morceau de bœuf sera suffisant. Première économie. Il faudra un moins grand feu pour amener le bouillon à bonne fin. Deuxième économie. Pendant que le mari est parti à sa besogne, la ménagère a pu raccommoder des vêtements, faire un point à son linge, aérer et approprier la chambre à coucher, comme nous l'avons déjà dit ; et si c'est à la campagne, donner un moment à son jardin, vaquer à ses animaux domestiques : poules, lapins, porcs, etc., qui engraisseront mieux parce qu'ils n'auront pas attendu trop longtemps leur pitance. Et peu après, il lui sera facile de se livrer à un travail rémunérateur qui, si peu qu'il puisse lui rapporter, fournira toujours à la maison un supplément de numéraire qu'elle n'aurait point touché si elle était restée au lit.

Une femme courageuse trouve toujours, même à la campagne, quelque argent à gagner. L'agriculture n'exige sans doute point tous les jours l'aide d'une femme ; alors, dans les cas de chômage, la bonne ménagère doit toujours savoir utiliser son temps avec beaucoup de profit. Elle augmentera le nombre de ses animaux de basse-cour qui, bien soignés, lui rapporteront sûrement quelques bénéfices. L'élevage des poules, des lapins, des canards, etc., offre des ressources qui ne sont pas sans importance quand il est pratiqué avec soin et méthode. Du reste, si faible que soit le gain, il n'est point à dédaigner et il faut se rappeler que les petits ruisseaux font les grandes rivières. Ce n'est point cela qui empêchera l'active ménagère de coudre, de tricoter, de laver, de repasser, toutes choses faciles à exécuter dans les villages où existent assurément assez de familles riches pouvant procurer ces divers travaux.

Vous nous direz que le bénéfice produit par ces occupations est si minime que la plupart des femmes préfèrent consacrer exclusivement leur temps au ménage. C'est un argument plutôt spécieux, car une personne courageuse a, presque chaque jour — à moins qu'elle n'ait des enfants en très bas âge — des loisirs qu'elle occupera avantageusement pour un salaire qui sera le bienvenu dans la maison.

A quoi bien des femmes dépensent ces instants ? A cirer leurs meubles avec trop de
minutie ; à apporter un soin trop méticuleux
à l'entretien de leurs appartements ; à exercer
une médisance déplacée et nuisible avec des
amies ou des voisines. Autant est belle une
maison simplement propre et soignée, où res-
pirent l'ordre et l'aisance, autant manque de
véritable agrément un intérieur d'ouvriers
où ces soucis de propreté sont exagérés. On
peut insister sur ce mot exagérés car il y a
des degrés en tout, et l'excès en cette chose
est nuisible en ce sens qu'il devient du luxe,
qu'il est la cause d'une dépense de force qui
aurait pu être plus utilement employée.

Pour ce qui est du commérage, nous ne
pouvons point l'interdire à certaines femmes
s'il est un agrément pour elles, mais nous
tenons néanmoins à leur dire que nous le
considérons comme l'un des plus grands dé-
fauts d'une ménagère et qui s'oppose, avec
le plus de force, à la réussite dans les affaires
et à toute chance de s'enrichir.

Une femme sérieuse ne « voisine » pas.
Elle s'occupe de son intérieur et de ses

affaires. Peu lui importe ce qui se passe au dehors. Elle préfère ne rien laisser en souffrance dans sa maison. Tout ce qu'elle possède de linge, de vêtements, de vaisselle, etc., est religieusement rangé et dans un bon état de conservation. Une robe n'entre pas dans l'armoire si elle est légèrement mouillée ou crottée ; un vêtement quelconque ne pénètre dans le sanctuaire aux habits que si elle est assurée qu'il n'a aucune déchirure, aucun accroc. Les chaussures ne restent pas éternellement enveloppées dans leur boue, car elle a la précaution, pour les conserver, de les nettoyer sans retard et de laisser lentement au cuir la faculté de reprendre son état normal.

Voilà pour le rôle quotidien de la ménagère campagnarde ; il ne pourra subir que les quelques modifications nécessaires et connues de toutes les ménagères des villes, en rapport et en harmonie avec la profession exercée par le mari.

Le rôle du mari est précisément de travailler et de rapporter à la maison l'argent nécessaire à l'entretien de la famille. Qu'il exerce une profession libérale, comme celle de menuisier, de forgeron, de maçon, etc. ou qu'il soit employé chez autrui, il faut toujours que son salaire excède les dépenses néces- saires ou que ses dépenses soient de beaucoup inférieures à ce salaire.

Si le salaire peut être parfois difficilement augmenté, il n'en est pas de même des dépen- ses qu'on peut rendre moins élevées par une sage économie.

Il est prudent de ne jamais chercher à s'élever au-dessus de sa condition. Dans tel ménage où il n'entre en moyenne que 4 francs par jour, par exemple, ce serait courir à la ruine et partant à la misère que de s'exposer à vivre sur le train de maison du voisin où le salaire quotidien est de 6 francs. Que toujours. la dépense soit en rapport avec le produit des salaires, c'est-à-dire bien au-dessous.

Si peu que l'on gagne, il faut s'efforcer de faire quand même des économies. Ménagères, tenez un compte bien en règle de vos dépen- ses de chaque jour. Un petit carnet spécial de dix centimes suffira pour cela. Etudiez vos opérations de temps en temps ; voyez ce qu'il vous reste de boni dans un temps donné. Si vous trouvez cet excédent de recettes trop

peu important et qu'il ne soit pas possible
d'augmenter aucun salaire, vous verrez facilement les choses que vous pourrez rogner.
Car il est souvent des superfluités qu'on peut
supprimer sans inconvénient.

Le tabac, le café, les liqueurs quelconques
rentrent dans la catégorie des articles de
consommation courante sans lesquels on peut
parfaitement vivre. Ils sont, en effet, absolument inutiles à la santé, ils lui sont nuisibles
même. Pourquoi ne les point supprimer d'une
façon catégorique ? Quel plaisir peut-on goûter à tirer, d'un tuyau de pipe empoisonnée
par la nicotine, une fumée que les lèvres laissent échapper ensuite en un fil qui monte en
s'élargissant vers le plafond et emplit un
appartement de substances malsaines ? Ce
n'est là que la conséquence d'une mauvaise
habitude contractée dans la jeunesse et qu'on
a laissé s'implanter. Il est probable que bon
nombre de fumeurs usent et abusent de la
pipe, sans goût sérieux pour la saveur procurée par le tabac. Rompre avec cette vilaine
habitude, c'est faire preuve de courage
moral, paraît-il. Eh bien ! il faut avoir ce

courage et bannir le tabac qui nuit autant à la santé qu'à la bourse.

Prenez-vous le café par goût ou par nécessité ? C'est tout un. Encore une mauvaise habitude. En somme, le café n'est point une boisson agréable, et de plus, il n'a point, comme beaucoup le pensent, la propriété de fortifier. Il est un excitant et trouble les fonctions du cœur ; il donne le coup de fouet qui épuise les forces en quelques instants et jette par conséquent dans un abattement dont on ne se relève qu'en prenant une seconde dose de ce faux élixir de la vigueur. Il est un digestif, on peut le reconnaître. Mais n'existe-t-il point de digestifs moins coûteux ? Mangeons lentement et sobrement ; ne restons point engourdis devant notre table après l'ingestion de notre repas ; marchons, humons l'air, soyons de bonne humeur et nous digérerons bien.

Quant à l'alcool, il doit être impitoyablement chassé de toute maison où l'on professe quelque penchant pour l'ordre, l'économie et la santé. Nos lèvres ne devraient jamais approcher de ce virulent liquide qui brûle nos muqueuses, détruit notre raison, ruine nos maisons. Pensez à ce que coûte en un an un petit verre d'eau-de-vie de dix centimes pris chaque matin : 36 fr. 50. Et pour quel besoin, pour quelle utilité ? Pour le plaisir de sentir glisser dans notre gosier cet amer et cuisant médicament qui met moins d'une seconde à accomplir sa descente dans l'abîme de notre appareil digestif. Allons, rompons net avec lui. Plaignons de tout notre cœur les malheureux adorateurs de la bouteille ; engageons-les vivement à en finir enfin avec une boisson vendue huit fois plus cher que le lait à volume égal et qui fait disparaître, comme par enchantement, une grande partie de leur salaire.

Le fruit d'un travail sérieux et rémunérateur deviendra sans utilité chez celui qui ne saura pas se priver de ces futilités. Faisons un aperçu de la dépense annuelle d'un fumeur ordinaire qui se paie, chaque jour, un verre d'alcool et une tasse de café :

Tabac.........	0 20
Café.........	0 10
Alcool.........	0 10
Total.....	0 40

Ce qui donne pour une année l'énorme dépense de $0.40 \times 365 = 146$ francs.

Remarquons, en passant, que cette somme, placée à la Caisse d'Epargne, donnerait, à la fin de l'année, en calculant l'intérêt à 3 %...................... 150 fr. 38 que la seconde année, les 146 fr. de nouveau économisés, s'ajouteraient aux 150 fr. 38 ci-dessus indiqués et feraient la rondelette somme de.................... 296 fr. 38 près de 300 francs.

Ce simple aperçu permet de se rendre compte des économies importantes réalisables en 10 et en 20 années, rien qu'en négligeant de faire usage de ces choses absolument inutiles.

Au bout de 10 années, les économies seraient de................ 1.724 fr. 35

Au bout de 20 années, de... 4.040 fr.

C'est-à-dire qu'un ménage agissant dans ces conditions d'économie et de prévoyance, et ayant commencé à l'âge de 20 ans, se trouverait, à l'âge de 40 ans, par ce fait seul, à la tête du joli capital de 4.000 francs.

En calculant encore, nous trouvons qu'au

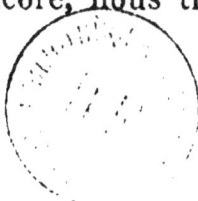

bout de 30 années, les économies réalisées
seraient de................ 7.158 fr.

Au bout de 40 ans........ 11.343 fr. 66

Au bout de 50 ans........ 16.972 fr. 88

Ainsi, en prenant l'âge moyen de 60 ans,
qui peut donner droit à prendre quelque repos,
ce ménage disposerait de l'énorme somme de
11.000 francs (*en chiffres ronds*), rien que pour
avoir eu le courage de se priver de tabac, de
café et d'alcool.

Le travail renferme ainsi autre chose que
l'action de remplir sa journée pour un rôle
quelconque destiné à procurer l'argent nécessaire à l'acquisition des choses indispensables
à la vie ; il comprend aussi la préoccupation
constante de ne perdre aucune des parcelles
du salaire, génératrices du bien-être et de la
fortune, et de viser à faire « travailler » l'argent gagné. Une partie sert aux besoins
essentiels et actuels de l'existence ; le reste
est placé et travaille en vue des besoins futurs
que nécessiteront peut-être le chômage, la
maladie, la vieillesse. Il forme le petit capital,
ruisseau embryonnaire d'abord, susceptible
de devenir, après quelques années, rivière

débordante, puis fleuve opulent, c'est-à-dire fortune.

Combien de fortunes sont nées de cette façon et n'ont d'autres ancêtres que de vulgaires ouvriers besogneux, économes, soigneux et prévoyants ? Si ceux-ci n'ont pas joui eux-mêmes des revenus considérables que touchent aujourd'hui leurs enfants, n'ont-ils pas eu l'extrême joie de voir leur petit capital, produit des premières économies, s'enfler, se développer et devenir pour eux-mêmes, à l'âge où ils pouvaient encore pleinement en profiter, la source de revenus suffisants pour terminer, dans la quiétude d'une bonne aisance, une existence laborieuse?

Mais aussi que d'ordre dans la maison et de courage dans les bras ! Avec de semblables travailleurs, rien n'est livré au hasard. Tout est calculé à l'avance.

Il reste toujours à un travailleur quelconque des loisirs dont il peut avantageusement profiter. Tous les travaux de la maison, du jardin, de la propriété occupée par lui enfin, seront son œuvre. Est-il une porte à réparer, un bout de mur à restaurer, quelques tuiles à remplacer ? Il ne tardera point à remettre toutes ces choses en ordre. Sa propriété se conservera ainsi intacte et en bon état sans qu'il lui en coûte beaucoup.

Les chaussures ont-elles de mauvaises semelles ? Il saura prendre un peu de cuir à de vieilles bottines, et muni d'un tranchet et d'un pied de fer, refaire aux chaussures une opération peu coûteuse qui les conservera longtemps encore.

Le travailleur, tel que nous l'avons considéré dans cette étude, est le manouvrier, l'ouvrier d'usine, le petit patron (cordonnier, menuisier, cultivateur) ; il comprend aussi les petits fonctionnaires, les petits employés, toute la catégorie des hommes qui ne jouissent que d'un maigre salaire ou d'un modique traitement.

CHAPITRE II

L'Alimentation

C'est naturellement l'alimentation — dans les ménages ouvriers surtout — qui absorbe la plus grande partie des salaires. Aujourd'hui surtout que les objets servant à notre nourriture sont d'un prix très élevé, il sera prudent de veiller à ce que la dépense qu'ils nécessitent ne soit point faite sans une grande attention.

Pour se bien porter, une alimentation saine et variée est de rigueur. La qualité est préférable à la quantité. Absorber une trop grande proportion de nourriture, c'est s'exposer à des troubles d'estomac, à des migraines, à des maux divers qui rendent moins apte au travail et augmentent les dépenses sans utilité aucune.

Il n'est guère utile, dans la plupart des cas,

de rechercher quels sont les aliments nutritifs et ceux qui ne le sont pas. Tous remplissent leur rôle, et vous aurez la santé et la force si vous savez vous faire des plats sains, propres et variés. Que la viande ne forme pas la base de votre alimentation. Mangez-en, mais ne la faites point figurer à tous vos repas. Tous les légumes sont bons ; ils renferment tous des matériaux nécessaires à notre organisme, c'est du reste pour notre usage qu'ils ont été créés. Les légumineux, tels que pois, haricots, fèves, lentilles, qui sont très nourrissants, les pommes de terre, les carottes, les navets, les choux, les salades, etc., permettront de faire une variété de mets qui aiguisera notre appétit et donnera à notre organisme tous les éléments dont il a besoin. Le lait, le beurre, le fromage, les œufs, les poissons, la chair du mouton, du bœuf, du porc, du gibier, les pâtes alimentaires, etc., sont des aliments dont on consommera avec grand profit pour la santé.

L'essentiel sera de savoir confectionner des mets peu coûteux et procurant le maximum utile de nutrition. Pour cela, la ménagère n'aura qu'à s'enquérir de ce qui lui coûtera le moins et qui pourra être le plus profitable. Ainsi, en hiver, quand les œufs sont d'un prix élevé, elle s'attachera à en servir le moins souvent possible ; elle en fera, au contraire, une grande consommation dans les autres saisons.

Certains auteurs préconisent le régime végétarien en lui attribuant toutes sortes de qualités. Nous ne sommes point de leur avis et prétendons que l'homme, obligé de fournir une grande somme de travail, a besoin de viande pour garder l'énergie et la force musculaire qui pourraient lui faire défaut, s'il s'en abstenait absolument. L'exemple cité de nos ancêtres qui vivaient très frugalement, mais qui consommaient tout de même un peu de viande n'est pas assez probant pour que nous nous inclinions, car il est prouvé que la vie, autrefois, était moins intense, et que par conséquent, ils avaient moins de forces à réparer. Tout est relatif. L'artisan qui n'a qu'une tâche facile et peu fatigante à remplir, n'éprouvera point le besoin de se nourrir de la même façon que l'ouvrier qui se dépensera

chaque jour en exercices violents et prolongés.
L'homme des champs doit vivre autrement
que l'ouvrier de l'usine. La nourriture qui
fait la bonne santé de celui-ci qui a un métier
sédentaire, nuirait à celui-là qui, en bras de
chemise, frappe sur l'enclume, ou abat sa
lourde cognée sur les racines résistantes du
chêne. Si l'ouvrier s'imaginait un jour de
vivre copieusement, d'aliments riches comme
les heureux de la fortune dont les tables sont
le plus souvent abondamment approvision-
nées, il arriverait devant sa besogne et se
sentirait incapable de l'accomplir. Ses mem-
bres manqueraient d'élasticité, son corps
tout entier serait alourdi et ce n'est qu'avec
peine qu'il pourrait se baisser pour réunir
ses outils afin de retourner chez lui pour
s'étendre sur un fauteuil et attendre quelques
heures que la digestion, enfin terminée, lui
rende le libre usage de ses bras.

Ne rien laisser perdre est un grand point
en cuisine. Les restes du repas pourront souvent fournir les éléments essentiels d'un
autre repas. Si on ne peut les accommoder
pour la table, il sera bon de les faire servir

à des usages dont on tirera quelque profit. Les poules, les lapins, les canards se trouveront fort bien de tout ce qu'on laissera ainsi. Leur élevage et leur engraissement reviendront ainsi à meilleur marché.

N'habituez pas les enfants à demander à chaque instant des tartines dont ils gaspillent la plus grande partie. Qu'ils mangent convenablement aux repas essentiels et leur santé n'en sera que meilleure. Il est aussi désagréable pour tout le monde que coûteux pour la famille de voir des bambins mordant sans cesse des morceaux de chocolat ou se barbouillant les lèvres avec des bonbons. Les enfants n'ont guère besoin de ces sucreries qui leur gâtent les dents et échauffent leur appareil digestif. On sait bien qu'éviter tout ce qui est susceptible de compromettre quelque peu la santé est un moyen de faire des économies, puisqu'on éloigne ainsi les maladies et les dépenses que celles-ci exigent : frais de médecins, de pharmacie, perte de temps, etc.

La meilleure boisson serait l'eau, si elle était absolument pure, saine et fraîche. Mais

dans la plupart des cas, il faut se méfier des
eaux réputées potables qui peuvent contenir
des microbes nuisibles. On a la ressource, il
est vrai, de faire bouillir l'eau ; malheureusement elle est alors moins digeste.

Le mieux est de fabriquer soi-même une
bonne boisson de ménage comme, par exemple, le cidre de feuilles de frêne. Cette boisson,
très économique, est très saine et suffit bien
pour le rôle qu'une boisson doit jouer dans
l'alimentation. La préparation en est très
simple. Pour cent litres, on emploie généralement :

Acide tartrique, 100 gr. ; feuilles de frêne,
100 gr. ; sucre blanc ou cassonade, 5 kilog. ;
levure blanche en pain, 100 gr. ; chicorée,
125 gr. On fait bouillir pendant 20 minutes,
l'acide tartrique dans 5 litres d'eau environ ;
ensuite on laisse infuser ce liquide avec les
feuilles de frêne et la chicorée pendant
six heures. On passe le tout à travers un
linge fin, et on le verse après dans un tonneau
qui contient le sucre et la levure. On bonde
et on laisse fermenter de 3 à 5 jours.

Dans les régions où la pomme à cidre est

bonne et abondante, il n'en coûte pas plus cher, sans doute, de faire en hiver, sa boisson de toute l'année, chose que l'on ne pourra faire aussi économiquement dans les villes ou les villages, où l'on ne se procure cette pomme qu'avec les frais accessoires de transport.

Il est des parties de la France où la boisson la plus répandue est la bière. Dans ce cas, il est possible de se procurer à bon compte la bière de la dernière qualité. Mise en bouteilles, avec un morceau de sucre blanc dans chaque bouteille, elle donne une bonne et hygiénique boisson.

Nous citerons aussi le vin qui, dans les pays de production, n'est pas cher. Il convient bien à la santé. On n'en peut guère faire une boisson courante dans les ménages ouvriers pour les autres lieux, car le prix de revient est trop élevé.

Ce chapitre de l'alimentation nous conduit naturellement à parler de l'hygiène. C'est par une hygiène bien comprise qu'on entretient le corps en bon état de santé : chose très importante, considérée du point de vue qui nous occupe, puisque la bonne santé nous permet de nous livrer à notre besogne sans chômage, de nous passer des secours onéreux d'un médecin et d'un pharmacien.

En alimentation, il est capital que tout soit proprement préparé. Les ustensiles de cuisine devront être nettoyés avec le plus grand soin ; on ne souffrira pas une casserole dont l'émail aurait une tendance à éclater ; on n'usera que des aliments reconnus tout à fait sains ; les conserves pourront être employées, mais avec la plus grande circonspection, à cause des dangers fréquents qu'elles occasionnent. La viande sera poussée à un bon degré de cuisson. On mangera avec sobriété.

CHAPITRE III

Les Économies

Pour que les économies conduisent réellement à la fortune, il faut qu'elles soient constantes. Ne voit-on pas des ouvriers prendre la bonne résolution de diminuer leurs dépenses, de se priver de certains plaisirs pour s'amasser quelque argent, et s'arrêter en chemin parce que leurs économies ne grossissent pas à leur gré et qu'elles ne forment pas en six mois un capital suffisant pour leur permettre d'en vivre sans continuer le travail ? Ceux qui raisonnent et agissent ainsi seront toujours pauvres. Ce n'est que par l'accumulation sans arrêt des petites épargnes que l'on parvient à se faire un capital respectable. Economisez sur toutes choses ; tenez-y la main et ne vous lassez pas ; vous verrez, au bout d'un an seulement, quel miracle se sera opéré dans votre bourse.

Un sou épargné reste dans votre poche. A vous de le faire fructifier et d'y joindre d'autres épargnes. Mais surtout, pour quelque cause que ce soit, évitez d'y toucher pour le dépenser en vous promettant de le remplacer rapidement, car ce serait prendre la mauvaise habitude de ne point garder intact le fruit de vos économies. Ce système vous conduirait à la vilaine manie de mettre de côté une somme d'argent que vous vous réserveriez de reprendre à la première occasion pour la faire servir à quelque dépense. Que pour vous l'argent économisé soit un dépôt sacré sur lequel vous ne mettrez la main que pour l'utiliser à faire une opération fructueuse, soit à la Caisse d'épargne, soit en achat d'obligations de tout repos. Du reste, ne gardez point longtemps cet argent chez vous. Placez-le aussitôt que possible, afin de n'être point tenté de le dépenser. Vous serez vous-même très heureux de constater l'accroissement de votre petite fortune naissante ; vous éprouverez le désir et le besoin d'y apporter souvent quelque chose. Il y aura de l'entraînement. Le jour où l'occasion se présentera de faire une dépense qui ne sera pas tout à fait urgente, vous direz : « Et mon magot ; il faut y penser ». Vous conserverez votre argent, et votre capital sera gonflé d'autant.

Un homme qui s'aviserait de ne faire que des économies occasionnelles, n'arriverait jamais à un bon résultat. C'est chaque jour que la préoccupation d'épargner doit être présente à l'esprit.

On dit parfois que les gens économes ne sont pas heureux pour la raison qu'ils restent étrangers aux plaisirs dont se délectent leurs contemporains. Pauvre raison. Eh ! n'éprouve-t-on point de bonheur à sentir que les choses que l'on a sont bien à soi ; à vivre dans une maison où règnent l'ordre et l'aisance ; à payer comptant chaque chose que l'on est obligé d'acheter ; à ne point connaître les créanciers bourrus qui réclament avec menace des sommes dues ; à ignorer les huissiers dont l'abord sévère produit une si mauvaise impression sur les débiteurs toujours à court d'argent. Pour un plaisir qui aura duré quel-

ques heures chez l'homme amoureux des
spectacles, des concerts et d'autres distractions coûteuses, mais qui sera suivi de
l'affront **des** réclamations incessantes des
dettes, quelles peines se prépare l'imprévoyant
chez qui la misère s'installe en maîtresse :
ennuis, brouilles dans le ménage, déceptions,
désespoirs, malheur, pleurs des enfants, dé-
couragement des parents. La maison devient
un enfer insupportable que la gaieté visite
rarement ; on y remarque en complet désarroi
tout ce qui fait chez d'autres le bonheur
intime du foyer, sans compter les expédients
— peu honnêtes parfois — qu'il faut imaginer
pour sortir d'un mauvais pas et les craintes
qu'une situation qui va en s'empirant, per-
mettent de supposer.

L'économe qui n'use que du nécessaire est
mille fois plus heureux que le prodigue qui
abuse du superflu. L'un a sa conscience tranquille ; l'avenir lui sourit, l'existence lui est
douce ; il se contente de ce qu'il a, n'ayant
point de désirs au delà de ses moyens ;
l'autre est toujours inquiet, il jouit bien par
instants de quelques joies procurées par des

distractions quelconques et des voyages, mais ces joies sont éphémères et bientôt neutralisées par une échéance qui arrive et à laquelle il ne peut satisfaire. Il sera obligé de descendre quelques degrés de l'échelle sociale et de subir l'affront de vivre dans une condition inférieure à celle où il avait prétendu se placer. Son honneur en souffrira. Le premier aura toutes les chances de s'élever et, parti du bas de l'échelle, il pourra aspirer à en gravir avec honneur les degrés qui le placeront dans le cadre qu'il mérite, respecté des autres hommes. D'un côté, l'honneur et le bonheur ; de l'autre, le déshonneur et la misère. Considérez maintenant laquelle des deux situations sera la plus digne d'envie.

Faire des économies en toutes choses est d'une grande simplicité. Avec de l'attention et de la persévérance, comme nous le disions tout à l'heure, tous les ménages peuvent gravir 'escalier facile qui conduit à la fortune.

Ne dépensez jamais un sou inutilement. Un ou, c'est peu de chose, dira-t-on. Remarquons que se laisser aller à dépenser en une circonstance donnée un seul sou sans besoin, peut

2

amener une autre dépense plus importante également sans utilité. C'est une affaire de principe. Si je dépense ce matin cinq centimes pour un cigare, j'entrerai demain dans un café et j'y prendrai une consommation de dix centimes ; après-demain, j'achèterai une pâtisserie de dix centimes et ainsi de suite. Toutes choses dont j'aurais pu me passer. Comptez la somme que je ferais ainsi passer de ma poche dans celle d'autrui, et ce qu'elle produirait en vingt ans si je la faisais fructifier.

Achetez les marchandises nécessaires à vos besoins dans des maisons de confiance. Ne prenez point ce qui est trop bon marché. Souvent la marchandise de bonne qualité fait un plus long et meilleur usage que la médiocre. Une paire de chaussures que vous aurez payée vingt francs, par exemple, vous durera quatre ans et sera propre et convenable jusqu'au dernier jour. Si vous jetez votre choix sur une de dix francs, il vous faudra une paire chaque année, ce qui vous obligera à une dépense double dans les quatre années, et vous ne serez pas encore bien chaussé. Il en sera de même pour un grand nombre d'objets.

Payez comptant : votre premier gain sera une remise, le second, de posséder entièrement ce que vous avez. Du reste, on ne doit jamais acquérir ce qu'on n'est pas en mesure de payer immédiatement. Les dettes sont exactement comme les économies, elles s'enflent et grossissent les unes comme les autres sans que l'on s'en aperçoive. Une dette chez le marchand de chaussures vous autorisera à en créer une autre chez le tailleur, une autre chez le boulanger et ainsi de suite; si bien qu'il viendra un temps où tous ces retards de paiements vous mettront dans l'impossibilité de régler vos dépenses qui seront alors trop considérables. Il ne vous semblera pas pénible de donner trente-cinq centimes au boulanger qui vous donnera un pain chaque jour ; mais vous ferez la grimace si pour cent pains dus au bout de cent jours, il vous faudra lui verser la grosse somme de 35 francs.

Acheter à crédit, c'est jeter le trouble dans son budget. Vous ne pouvez pas connaître nettement l'état de vos finances si vous devez.

Vous paraissez heureux parce que vous avez aujourd'hui cent francs en caisse ; cela vous semble une fortune au premier abord ; mais vous réfléchissez et vous dites : je dois 20 francs au boulanger ; 10 francs au boucher ; 10 francs au tailleur ; 15 francs à l'épicier. Total : 55 francs. Que vous reste-t-il ? Voilà votre fortune à moitié évanouie. D'où une cruelle déception qui vous plonge dans un désarroi tel que vous voyez la misère à votre porte en même temps que le vide dans votre porte-monnaie. Songez à quelle joie vous pourriez vous livrer, s'il vous était permis de dire : Ces cent francs sont à moi. Je n'ai rien prélevé sur eux avant de les posséder.

Ne faites donc jamais aucune dette, si petite soit-elle. Si vous n'avez pas d'argent aujourd'hui, privez-vous. Ne risquez point de perdre votre indépendance en vous créant des obligations envers des fournisseurs. Ceux qui paient en achetant sont, souvent aussi, mieux servis que ceux qui remettent à plus tard le paiement. Tout fournisseur est satisfait de toucher tout de suite le prix de la marchandise qu'il vend et, par réciprocité, sert bien ses bons clients ; il passe aussi ses marchandises médiocres, s'il en a, aux personnes qui le paient irrégulièrement, car il se sent exposé à perdre tout ou partie de sa fourniture. Dans ce cas, il perd moins que s'il avait fourni quelque chose de première qualité.

Qui paie toujours comptant peut se dire déjà riche, puisqu'il ne doit rien à personne. Mais faites attention qu'il ne tardera pas à le devenir, car les économies fructifient rapidement chez ceux qui aiment l'ordre et qui sont ennemis irréductibles des dettes. Ceux-ci deviennent-ils malades ? Des malheurs s'abattent-ils chez eux ? Sont-ils quand même obligés d'aller à crédit ? On leur fera confiance. Ils trouveront partout aide et secours, et jamais aucune voix ne s'élèvera chez leurs créanciers pour leur réclamer des dettes forcément contractées, avant que, de leur bonne volonté et de leurs salaires réapparus, ils puissent s'acquitter.

Combien dépense-t-on inutilement au cabaret, au jeu, au théâtre, à une foule d'autres distractions ? Ce n'est pas le moyen de s'enrichir. N'y a-t-il pas d'autres façons agréables d'occuper ses loisirs, pour des familles économes ?

Si le mari va au café, il dépense quelque argent, pendant que sa femme, seule à la maison, s'ennuie et s'ingénie quelquefois, mais avec peu de succès le plus souvent, à réparer la perte subie.

Tout ouvrier véritablement désireux de s'enrichir, agira bien mieux en remplaçant ces stations coûteuses dans les cabarets par une promenade hygiénique qui n'entraînera aucun frais. A la campagne, les promenades sont toujours agréables. On visite les bois, les marais, les monts, les vallées, la plaine ; on observe la nature qui nous sourit et qui nous révèle toujours de nouveaux secrets ; et l'on rentre le soir, à la maison, les poumons remplis d'un air pur, le teint coloré, le sang rajeuni et l'esprit quiet. S'il y a des enfants, ils profitent grandement de ces exercices au grand air ; leur santé s'en améliore et leurs mœurs s'adoucissent à la vue des belles choses que recèle la nature et que bien des gens n'apprécient pas comme il conviendrait.

A la ville, ces promenades sont plus variées et plus utiles, surtout pour l'ouvrier qui respire chez lui ou dans les manufactures un air presque toujours vicié. Sur les boulevards, ombragés d'arbres superbes aux rameaux feuillus qui déversent à foison l'oxygène si bienfaisant pour les poumons, que d'agréments l'ouvrier et sa famille peuvent goûter ? Ils font pour une semaine leur provision d'air pur et trouvent la gaieté et la diversité à chaque pas.

Ces distractions innocentes ne sont-elles point préférables à d'autres qui seraient coûteuses et qui ne laissent point souvent un bon souvenir ?

Quand il faut rester à la maison pour une cause quelconque, il y a la lecture. Partout existent maintenant des bibliothèques bien garnies, et gratuitement tous les ouvriers sont à même de s'enrichir l'esprit par des ouvrages de science, d'histoire, de géographie, etc., par les romans et les œuvres des maîtres de la littérature. C'est là une suprême joie qui donne la faculté à l'ouvrier de s'instruire sans bourse délier, au lieu de courri s'amuser dans les lieux d'où l'on ne sort point sans laisser un peu de sa monnaie.

Avez-vous du goût pour le théâtre ? Pourquoi vous installer quelques heures devant une scène d'où surgiront des artistes qui vous diront ce que vous pourrez lire à tête reposée dans la bibliothèque de votre quartier ?

Aimez-vous la musique ? Allez sur la place publique le dimanche, vous y entendrez un concert ; courez — dans les villes — dans les jardins publics, les morceaux des maîtres, joués par une musique militaire de premier ordre, caresseront vos oreilles. Vous jouirez de tous ces plaisirs gratuitement. Comparez ensuite vos joies à celles de votre voisin qui aura passé son dimanche, assis devant la table d'un café, au milieu du bruit de voix des consommateurs et humant à pleine poitrine l'air empesté de la fumée bleuâtre des cigares et des cigarettes, qui irrite les organes respiratoires et les prédispose à une inflammation gênante et douloureuse.

Vous aurez, le soir, le cerveau rempli de bonnes pensées, de souvenirs agréables, de vos lectures, de vos promenades ; une sensation de bonheur et de bien-être aura été laissée en vous par les impressions saines, ressenties dans vos diverses distractions du jour ; votre voisin éprouvera de la lassitude et du dégoût. La congestion passagère de son cerveau, qui sera le fruit recueilli dans une atmosphère malsaine, s'opposera à son parfait contentement. Le lendemain, il se sentira la tête encore alourdie des excès de la veille, mais la bourse allégée des quelques francs dépensés. Rien ne sera à son profit. Engagez-le à rompre avec cette mauvaise habitude et à vous imiter ; sûrement il ne tardera pas à vous en être reconnaissant.

N'attachez pas trop d'importance à la toilette. Des vêtements propres, vous habillant décemment, vous seront suffisants. Les modifications de la mode sont si fréquentes qu'elles ne peuvent être suivies que par les personnes riches, en état de faire d'importantes dépenses sans faire un vide bien sérieux dans leur coffre-fort. On n'estime point, en général, les ouvriers et les ouvrières qui portent une toilette trop recherchée : la simplicité dans l'habillement est encore ce qu'on loue avec le plus de chaleur et de raison, du reste. Que signifient ces rubans, ces garnitures, répandus à profusion sur les vêtements féminins ? Ce ne sont point eux qui ont le pouvoir de donner des charmes à une personne quelconque. La correction dans l'ajustement, la perfection dans la coupe qui dessine bien les différentes parties du corps, l'élégance sans recherche dans l'exécution de la robe, du corsage, du manteau, etc. sont de nature à accuser plus parfaitement la grâce naturelle de la femme. Il n'est guère besoin que des modes originales et hardies s'entremettent ici pour détruire l'harmonie du corps humain, et posent sur une tête émergeant d'un corps fluet et enserré dans une robe collante, un chapeau aux dimensions gigantesques où pourraient prendre place, sans qu'il soit besoin d'exercer de compression, un quarteron d'œufs de poule. Nous parlons évidemment plutôt de la toilette féminine, cause de grosses dépenses quand on n'y prend point garde, que des vêtements masculins qui, en général, sont achetés avec économie et renouvelés seulement quand besoin est.

Ne dépensons donc pas trop pour la toilette ; nous ne serons point enviés ; on nous
louera de notre modestie et notre argent nous
restera.

Léocadie éblouit par l'éclat que projette
sa robe de soie. On la salue au passage et on
s'incline devant sa magnifique toilette. Elle
pourrait en éprouver une juste fierté, mais
le temps est brumeux et déjà une pluie
fine voltige en l'air. Oh ! que va devenir ma
robe, pense-t-elle ; et elle est prise d'une
vive inquiétude.

Que sera-ce tout à l'heure quand le sol sera
mouillé et que les taches blanches de la boue
s'étaleront sur la soie ? Il lui faudra mille
précautions pour la nettoyer et ne point
ternir un objet d'un si haut prix.

Lucie n'a point ces désagréments avec sa
robe en drap. S'il pleut, elle la laissera lentement sécher et il n'y paraîtra point ; si la
boue la salit, il suffira d'une minute pour la
remettre à neuf. Elle n'est point l'esclave
de ses vêtements ; elle les soigne, les conserve
le plus longtemps possible en état de propreté,
ne les paie point trop cher et ne voit pas sa

bourse s'aplatir pour ses goûts de toilette.

Prenez donc toujours garde à la dépense. Economisez sur toutes choses. Il n'est point de petites économies négligeables ; toutes concourent au même but et viennent confluer dans la même mer : la Fortune. Celle-ci est la conséquence naturelle et logique de l'épargne ; elle lui est intimement liée et ne peut être durable sans son vigilant concours. Les fortunes les plus grosses disparaissent dans le gouffre du domaine public dès qu'elle est absente ; les plus petites deviennent pléthoriques quand veille une sage et savante économie qui dirige et redresse leur flux qui monte.

Ouvriers économes, ne gardez jamais chez vous le superflu de votre argent. Placez-le sans retard à la Caisse d'épargne. Sans qu'il vous en coûte aucune peine, vous gagnerez un premier revenu ; et vous verrez comme votre avoir prospérera, grossi sans cesse des sommes nouvelles que vous y porterez et des intérêts qui y courront chaque jour. Quand votre livret atteindra le beau capital de mille francs, vous gagnerez ainsi, à 3 %, trente francs dans votre année. Que de choses on peut acheter avec 30 francs. Mais vous ne les dépenserez point et les laisserez produire eux-mêmes des intérêts, si bien que, sans autre versement, la fin de la deuxième année vous accusera une petite fortune de 1.060 fr. 90. Rendez-vous bien compte de la différence, et du succès croissant de vos opérations, sans apport nouveau.

Il faut toujours commencer un livret de Caisse d'épargne lorsqu'on ne peut faire que de petites économies, en rapport avec le modique salaire quotidien. Aussitôt que l'importance du capital dépasse un billet de mille francs, on agit sagement d'acheter une ou plusieurs obligations à lots. Ce sont des valeurs de tout repos, comme on dit, qui donnent une rente annuelle assez raisonnable, dont le prix augmente plutôt qu'il ne baisse, et qui vous procurent la chance, plusieurs fois par an, de gagner un lot important. Certes, ce serait vous exposer à des déceptions que de vous illusionner au point d'avoir une trop grande confiance dans votre étoile et de supposer qu'un gros lot ne pourrait manquer de vous échoir. Sachez que la chance est presque nulle et que le nombre des heureux dans les tirages est infiniment petit, comparé au nombre des obligations émises ; mais sachez aussi que vous ne pourriez gagner sans numéro et qu'enfin le hasard peut vous favoriser. Vous ne risquez rien, puisque votre capital ainsi placé est en même temps productif d'intérêts. Néanmoins, consultez les journaux de temps en temps pour vous assurer que votre obligation ne diminue point de valeur et que si vous l'avez achetée 500 francs, elle ne vaille plus que 480 francs, ce qui ferait alors une perte de vingt francs. Souvent cet inconvénient ne se présentera point et ce sera le plus souvent une augmentation que vous aurez le plaisir de constater.

Les meilleurs placements sont les achats d'obligations et de rentes sur l'Etat. Vous aurez un intérêt moins élevé que dans d'autres opérations financières, mais votre argent aura l'avantage d'être placé en lieu sûr ; et c'est surtout ce point de vue que doit envisager le petit capitaliste. Vous laisser entraîner par des promesses de bénéfices élevés et faciles, sera un danger qu'il faudra éviter. Les bénéfices de dix, vingt et trente pour cent, existent certainement, mais il faut un flair spécial et une grande habitude des affaires de cette sorte pour conduire convenablement, dans ces cas, sa barque qu'une petite lame peut faire chavirer.

Tout ouvrier économe ne peut avoir ce goût des gros bénéfices, puisqu'il travaille lentement, mais sûrement, à augmenter son avoir. Il sait bien que l'argent trop facilement gagné est souvent trop vite dépensé, et qu'alors le gain final est nul. Un sage bénéfice sur ses valeurs péniblement acquises, lui assurera plus de jouissance qu'un gain exagéré qui le rendrait inquiet sur ses suites probables. L'économe est un sage et un pondéré, en général, qui ne se lance point dans l'inconnu et qui craint tout ce qui est démesuré. Nous pensons donc qu'il est sans utilité de lui répéter de prendre toutes ses précautions pour que ses économies ne lui échappent jamais, et, qu'au contraire, elles lui assurent pour un avenir très prochain, une fortune sinon élevée, du moins passable et capable

de le mettre à l'abri de toute gêne et en état
de vivre en partie du fruit de ses revenus.

Tout en s'assurant un capital personnel,
l'ouvrier ne doit point négliger de faire des
versements aux Sociétés diverses garanties
par l'Etat, dans le but de se créer une retraite
quand il atteindra un âge assez avancé.
Qu'il commence sans retard et surtout qu'il
soit prévoyant pour ses enfants en les faisant
admettre à la mutualité scolaire. Si lui-même
n'a pas eu l'avantage dans son enfance des
progrès accomplis maintenant dans le domaine de la mutualité et de la prévoyance
sociales, que toute son attention se porte à
donner à ses descendants le bénéfice de ces
œuvres de bienfaisance. Un versement heb-
domadaire de dix centimes sur la tête d'un
enfant, à partir de l'âge de 3 ans, lui assurera à 55 ans une pension viagère de
200 francs environ, et le droit de toucher
en cas de maladie, jusqu'à l'âge de 18 ans
seulement, une indemnité quotidienne de
cinquante centimes pendant le premier mois
et de vingt-cinq centimes pendant les deux
mois qui suivraient. C'est un bien maigre

sacrifice qu'une économie de dix centimes
par semaine, soit 5 fr. 20 par an. Remarquez
quels avantages avec ce léger versement non
interrompu, vous faites à vos enfants. Quand
ils seront livrés à eux-mêmes, qu'ils auront
à leur tour fondé une famille, ils ne devront
guère négliger d'apporter chaque semaine
leur appoint à la Caisse de la Mutualité ;
s'ils ont épousé une jeune femme qui ait été
engagée dans la même voie d'économie et de
prévoyance, ils verront tous deux, quand
leurs bras seront moins robustes pour le
travail, leur énergie musculaire diminuée,
tomber en leur honnête logis, le joli revenu
annuel de quatre cents francs, c'est-à-dire
plus d'un franc par jour. Ce revenu, ajouté
à celui provenant de leurs épargnes person-
nelles, leur permettra de vivre heureusement,
de jouir en paix et dans l'aisance des derniers
temps de leur existence. Voilà donc une
preuve de plus que les ouvriers doivent commencer le plus tôt possible leurs épargnes.
Si leurs parents n'ont rien fait pour eux, que
leur préoccupation soit, dès les premiers
jours du mariage, de penser à l'avenir, de

dépenser seulement pour les choses nécessaires et de mettre précieusement de côté tout ce qu'ils pourront réaliser d'économies. Rien ne les rendra plus heureux. On s'oblige parfois à des dépenses dont on se passerait sans inconvénient, pourquoi ne prendrait-on pas l'obligation de verser chaque semaine une somme déterminée pour se former un capital, une autre, en vue d'obtenir une rente viagère dans ses vieux ans ? La crainte de la misère est le commencement de l'épargne.

Si dans le jeune ménage, arrive bientôt un bébé, il sera le bienvenu. Sans grande dépense, on saura l'élever d'une façon hygiénique.

Il sera peut-être alors nécessaire de recourir aux premières économies pendant les premières années. Qu'à cela ne tienne, et bien vite, par votre courage et votre ardeur nouvelle à procurer à un enfant que vous aimerez, toutes les satisfactions indispensables, vous aurez, ouvriers économes, comblé le vide que vous aurez dû faire. Retenez qu'il est sage de ne pas tarder à s'habituer à l'économie. Nous connaissons des ménages de quarante ans qui, après avoir commencé leur vie de labeur avec le rudimentaire mobilier des ouvriers, sans aucun autre avoir, ont élevé plusieurs enfants qu'ils ont pourvus de superbes situations, ont amassé un pécule respectable — fruit exclusif du travail et de l'économie leur permettant de vivre, vers l'âge de soixante ans, dans la plus grande aisance et en véritables rentiers.

Comment ont-ils fait ? Ils ont travaillé honnêtement, mettant un soin scrupuleux à ne dépenser jamais un sou sans absolue nécessité. Pas de toilette extravagante : La simplicité même ; ni cabaret, ni tabac, ni voyages d'agréments trop dispendieux. Comptez ce qu'ils ont pu économiser rien qu'en se privant de ces superfluités que certaines personnes appellent des distractions.

Ne rien dépenser sans besoin urgent et n'avoir en vue que les bons placements : telle est la base essentielle du commencement certain de la fortune.

A côté de la fortune que vous vous amassez et dont vous serez en droit de disposer librement, soit pour entreprendre un commerce, soit pour fonder une industrie, soit pour acquérir des immeubles, rien ne vous empêche de jeter les premiers éléments qui devront vous gratifier d'une rente importante à l'âge où l'on a gagné le repos. Versez un franc par semaine à la Caisse nationale des Retraites pour la Vieillesse, à partir de l'âge de 20 ans, vous obtiendrez, au taux actuel de 3 1/2 %, une belle retraite de 586 francs à soixante ans. Si vous désirez réserver à vos enfants le remboursement des sommes que vous aurez versées ainsi, il vous sera facile de le déclarer ; mais alors il faudra vous trouver satisfaits d'une retraite de 369 francs. Ce sera à vous de voir quels seront vos avantages et vos désirs.

Vous pouvez commencer ces versements à un âge plus avancé. Il est évident que dans ce cas vous serez obligés de donner davantage.

Que représente ce versement d'un franc par semaine ? La somme que beaucoup d'ouvriers, choisis parmi ceux qui dépensent le moins, laissent au café chaque dimanche. Cela doit provoquer la réflexion chez eux et les décider à éviter de gaspiller leur argent sans aucun profit autre qu'une satisfaction bien éphémère et dont ils se passeraient pour jouir plus tard d'un bien-être beaucoup plus sérieux.

Pensez aussi à vos enfants. Ils vous en garderont une vive reconnaissance quand leur viendra la raison. Ainsi que pour la mutualité, il est nécessaire de commencer de bonne heure pour que les sacrifices annuels soient moins importants. Avec 36 francs par an — soit dix centimes par jour — versés au nom de l'un de vos enfants pendant dix-huit ans, c'est-à-dire depuis l'âge de trois ans jusqu'à celui de vingt et un ans, vous lui assurerez à 60 ans une retraite de 564 francs. Ne sont-elles point merveilleuses ces combinaisons de la Caisse des Retraites pour la vieillesse, et dignes de fasciner tous les travailleurs qui rêvent d'un bel avenir ?

A défaut même de mise de fonds en réserve pour la formation d'un capital en vue de vous créer une fortune, ne voilà-t-il pas des moyens accessibles à tous les salaires, pour mettre entre la misère et vous une barrière infranchissable et vous assurer le pain des vieux jours ?

Il n'est donc point difficile d'arriver à la fortune, comme vous avez pu le constater. Il suffit de vouloir et d'être persévérant ; de ne faire aucune dépense inutile ; de placer son argent en lieur sûr et fécond ; de n'être point impatient, car la fortune ne peut se faire d'un seul coup. Une longue gestation lui est nécessaire. Mais elle arrivera sans manquer, à l'heure où vous pourrez encore en profiter, si vous ne lui infligez aucun arrêt dans sa marche.

Des personnes sans ordre sont dans l'impossibilité d'acquérir le bien-être et d'arriver à la fortune, car il y a toujours chez elles une force invincible qui les engage à suivre toutes les voies qui se présentent, et surtout les mauvaises, à vivre dans le désordre, à ne prendre soin de ce qu'elles ont, à prodiguer, à rester impassibles devant les soucis toujours plus âpres de l'existence, et à penser que demain pourvoira comme aujourd'hui aux nécessités de la vie. Elles s'en remettent au hasard du soin de leur assurer un avenir plus souriant ; selon elles, le destin ne pourra que leur être favorable. Il y a peu d'exemples cependant que seul le hasard ait favorisé quelqu'un au point de l'élever à la fortune. Qu'importe. C'est la planche de salut qu'on escompte, et qui, malheureusement, fait souvent défaut. Et l'argent est dépensé follement ; les choses du ménage ne sont ni entretenues ni soignées ; les objets de la toilette sont renouvelés sans besoin ; tout disparaît dans l'abominable gouffre du désordre, sans que personne en tire le moindre profit. Les années se suivent et la situation s'empire ; les dettes surviennent ; les mauvaises mœurs s'accentuent et enfoncent leurs profondes racines dans la misère du désespoir ; l'âge avancé arrive sans que la pauvreté et la misère aient eu le temps de déguerpir. Cette fois, le mal est irréparable et il faut subir les conséquences funestes d'une vie sans ordre et sans économie.

On a bien compté sur un héritage pour sauver la situation : il ne s'est pas produit. Oh ! ne comptez jamais que sur vous-même, sur votre travail, sur votre courage, sur votre conduite. Que rien ne soit livré au hasard, et tout vous réussira. Le temps des miracles est passé, dit-on quelquefois. Cela est vrai surtout ici, et il ne peut tomber une fortune chez vous que si vous l'avez recherchée, que si vous vous êtes efforcé de l'attirer à vous, par un incessant labeur et une persévérante économie.

N.-B. — La loi du 5 avril 1910 sur les retraites ouvrières, récemment promulguée, oblige une catégorie très importante de personnes à effectuer des versements en vue d'obtenir une retraite à l'âge de 65 ans — cet âge est maintenant descendu à 60. — Elle vient précisément au-devant de nos désirs et n'empêche point les versements particuliers que nous conseillons.

CHAPITRE IV

L'Union fait la Force

Il n'est pas défendu à l'ouvrier de sortir de sa sphère si ses économies sont suffisantes et s'il se sent des aptitudes particulières pour diriger un commerce ou fonder une industrie. L'instruction a pénétré partout depuis ces derniers temps ; les bons livres sont répandus à profusion dans les bibliothèques populaires où les ouvriers intelligents et laborieux peuvent faire gratuitement des emprunts et compléter l'instruction reçue sur les bancs de l'école. Les rudiments d'orthographe, de calcul et de style qui font la base de l'enseignement populaire sont donnés aux enfants en un temps où leur mémoire est plus apte à retenir que leur jugement à comprendre. Néanmoins leurs cerveaux sont ébauchés ; quelques connaissances essentielles ont meu-

blé ceux-ci. Les ouvriers qui n'ont point eu
le bonheur de poursuivre des études plus
importantes dans un collège ou dans une école
supérieure, ne devront donc point négliger,
à leur âge adulte, d'augmenter leur bagage
de connaissances utiles. Il y a, dans toutes
les matières d'enseignement, de bons ouvrages
où ils puiseront sans cesse ; il leur suffira de
beaucoup d'attention, de goût, de méthode
et surtout du désir de s'instruire, pour acquérir les notions qu'une trop courte scolarité
leur aura interdites. Pour un jeune homme
intelligent, les professeurs sont alors inutiles.
Presque tous les ouvrages classiques actuels
sont d'excellents professeurs : ils renferment
des explications claires et précises, des exemples saisissants qui viennent à l'appui de la
démonstration, et des exercices nombreux
autant que variés dont l'ouvrier pourra tirer
un grand profit. Car, il ne faut pas se le dissi-
muler : on ne réussira jamais aussi bien dans
une entreprise si l'on n'a point au moins une
instruction assez développée. Nous ne vou-
lons point dire que les titres de bachelier ou
autres soient exigés, mais vous vous rendez

bien compte qu'à aptitudes égales, l'homme instruit aura plus de chances de réussir que celui qui serait obligé de s'adjoindre le concours d'une autre personne pour un grand nombre d'opérations.

On a vu des ouvriers, possesseurs de quelques économies, les réunir toutes en une bourse commune, et former, avec ce capital devenu plus sérieux, une Société exploitant un commerce, une industrie, etc. dans laquelle chaque membre sociétaire s'occupait du rôle qui lui était dévolu, avec d'autant plus d'activité qu'une part dans les bénéfices lui était assurée. Ce qui est mieux et montre bien tout le profit que peuvent tirer des ouvriers sérieux et dignes, de l'association ainsi comprise, c'est qu'on a été heureux de constater que la dite Société avait prospéré ; que les capitaux avaient considérablement augmenté et permis, en poursuivant toujours le même but et obéissant à la même idée, de fonder une maison colossale, justement renommée.

Voilà un bel exemple, digne d'attirer votre attention. Vous trouvez-vous à la tête de quelques milliers de francs et vous sentez-

vous des dispositions pour diriger une entreprise, installer une manufacture quelconque,
fonder un commerce, créer une industrie
nouvelle dans une région ? Consultez quelques
ouvriers, comme vous intelligents, économes,
sérieux et honnêtes. Groupez-vous. Si vous
apportez chacun 5.000 francs et que vous
soyez à dix, vous aurez cinquante mille francs.
Avec cela, vous pourrez commencer. Travail-
lez sans relâche en vue du profit commun,
marchez lentement au début et vous verrez
prospérer vos affaires. D'autres vous donne-
ront leur confiance et vous courrez à la fortune ; vous ferez le bonheur des ouvriers qui
trouveront un emploi chez vous et des action-
naires à qui vous verserez de bons dividendes.
Vous aurez d'un seul coup conquis, avec la
fortune, l'indépendance, l'honneur et la reconnaissance de la nation, toujours redevable à
ceux qui stimulent le travail, la production, le
commerce et qui augmentent la richesse
publique.

Certes, nous regretterions de donner ce
conseil à des ouvriers qui ne seraient pas
suffisamment actifs et doués de l'intelligence

des affaires, et qui seraient exposés à perdre le pécule amassé. Pour ceux-là, le mieux est de conserver leurs économies et d'en faire des placements à l'abri de toute mésaventure : un tiens vaut mieux que deux tu l'auras. Il se peut qu'un ouvrier soit courageux, intelligent, instruit, économe, et n'ait ni l'énergie, ni le tact, ni l'aptitude nécessaires pour être autrement qu'au service d'autrui. Des dispositions spéciales sont indispensables. Ceux qui en sont dotés réussissent sûrement. On leur accorde la confiance ; on les aide et on les pousse malgré eux vers la fortune que d'autres ne sauraient jamais atteindre. Combien en compte-on de ces ouvriers qui sont parvenus à de superbes situations, grâce à ce qu'ils se sont placés dans le véritable cadre où ils ont pu donner libre cours à leurs talents particuliers ?

Quelle que soit l'industrie que vous entrepreniez, ou quel que soit le commerce qui vous tenterait, conservez toujours des fonds suffisants pour faire face au paiement de vos marchandises. Prenez pour règle absolue et invariable le paiement comptant, afin de bénéficier de l'escompte et d'obtenir la

confiance de vos fournisseurs. Cette réserve
de fonds doit même être assez importante,
car il faut compter avec l'imprévu et éviter
de se trouver dans la nécessité, même une
seule fois, de reculer un paiement ou de vendre vos produits quand le moment n'est pas
favorable. Vous feriez là peut-être, dans le
début, de petites pertes qui, en elles-mêmes,
ne seraient sûrement pas ruineuses, mais qui
pourraient vous entraîner sur la pente glis-
sante et dangereuse du désordre, du laisser-
aller, des expédients plus ou moins compliqués
pour sortir d'affaire à une échéance. Qui paie
toujours comptant et dispose sans cesse de
fonds libres, est maître du marché et, de ce
fait, trouve en l'occurrence, les meilleurs et
les plus clairs profits. Il ne faut point dire :
J'ai une échéance de vingt mille francs le
30 de ce mois ; mes fonds sont bas ; je vais
vendre à un intermédiaire quelconque, pour
15.000 fr. (qui me manquent) des marchandises et je sortirai d'embarras. Ce serait un
très mauvais calcul, et vous pourriez marquer
ce jour d'une croix, car il commencerait votre
gêne dans les affaires et peut-être votre ruine.

En effet, l'intermédiaire qui vous paierait
comptant et qui aurait conscience qu'il vous
rend service, ne manquerait point de faire
montre de beaucoup d'exigence. Il n'accepte-
rait le marché et la combinaison qu'à la condition de prendre un gros bénéfice sur la marchandise, en la payant les deux tiers, par
exemple, de sa valeur réelle; il deviendrait
ainsi votre plus redoutable concurrent pour
le placement de vos produits. Une marchandise que vous vendrez couramment 2.000 fr.,
par exemple, à des clients, lui serait livrée par
vous à 1.200 fr., supposons-nous. Comment
feriez-vous pour la vendre dorénavant à vos
clients ordinaires ce prix de 2.000 fr., c'est-à-
dire à un chiffre égal au prix de revient et au
bénéfice qui vous est dû à titre d'intérêts de
vos capitaux engagés, alors qu'un intermédiaire l'offrirait à raison de 1.600 francs ?
Vos affaires seraient interceptées ; vous seriez
la victime toute naturelle de votre mauvaise
opération, et dans l'impossibilité de livrer
directement vos marchandises au consommateur qui les trouverait à meilleur compte
chez votre intermédiaire. Où irait le béné-

fice ? Tout ailleurs que dans votre poche.

Vous n'ignorez pas que l'acheteur, à qualité ou fabrication égale, recherche le vendeur qui lui fait le prix le plus raisonnable, c'est-à-dire le plus bas. Eh bien ! tâchez d'être ce dernier vendeur et vos affaires marcheront bien. Pour cela, ménagez vos avances de fonds et ne recourez point à ces intermédiaires dont nous venons de parler. Adressez-vous directement au consommateur. En même temps que vous veillez à la marche de votre fabrication, veillez aussi à la recherche des clients ; que tout marche de pair, et si vous savez fabriquer, sachez aussi vendre.

Vous jugez bien comment, avec un capital personnel peu élevé, vous pouvez, en vous unissant à d'autres qui disposent, comme vous-même d'un petit avoir, devenir grand commerçant ou grand industriel. Certes, la combinaison ne manque point d'écueils ; nous vous les avons fait connaître : c'est à vous de savoir les éviter. Ne vous embarquez point à la légère, sans avoir, au préalable, sondé vos véritables forces et celles de vos co-sociétaires. Il faut une unité parfaite en

vue d'une besogne et d'une fin communes.
Rien n'est à négliger des précautions les plus
grandes dont on doit s'entourer pour écarter
l'échec. Pas de faiblesse pour vous ; pas de
mollesse à l'endroit de vos camarades. De
l'énergie toujours, de l'ordre, de la méthode
et une scrupuleuse économie. Soyez attristé
si vous éprouvez une perte de dix francs.
Vous auriez dû en gagner dix. Cela fait une
différence de vingt francs. Cherchez la cause
de cette perte ; si elle est pénible et laborieuse
à découvrir, ne vous découragez point surtout, car ce n'est qu'à cette condition que
vous la réparerez et ferez en sorte qu'elle ne
se produise plus. Si vous savez vous attacher
ainsi à une perte qui regarde une si modique
somme, on vous traitera peut-être de mesquin.
Laissez dire et pensez en vous-même que
c'est grâce à ce procédé de tout surveiller et
de tout contrôler, que vous avez évité des
pertes plus importantes ; que votre réputation
d'ordre vous a attiré un grand nombre de
clients ; que votre industrie prospère et
que votre fortune s'accroît, au milieu du
respect de tous ceux qui vous connaissent.

CHAPITRE V

Meilleurs salaires et meilleurs traitements

Nous nous sommes adressé jusqu'ici à des personnes jouissant d'un salaire ou d'un gain ordinaire, soit en qualité d'ouvriers ou d'employés d'usine, de travailleurs agricoles, de cultivateurs, d'artisans travaillant pour leur compte personnel, etc. Nous avons vu comment ils doivent procéder pour se mettre quelque argent de côté et arriver, par des moyens licites, à une fortune respectable et suffisante.

Forcément, nous devons ranger dans une autre catégorie les personnes qui gagnent davantage, afin de leur indiquer aussi la façon de conquérir la fortune ou au moins de conserver une importante partie de leur traitement. L'exemple qu'ils devront suivre sera le même pour les riches, pour les propriétaires,

pour les hauts fonctionnaires, etc. Il consis-
tera notamment à ne jamais se laisser aller
aux folles dépenses. C'est le point de départ
des économies et des réserves pour l'avenir.

Prenons un fonctionnaire par exemple. Il a
un traitement annuel de 3.000 ou de 4.000
ou de 5.000 francs, etc. S'il n'a point de fortune personnelle, ou si sa femme ne lui a point
apporté une sérieuse dot, il devra compter
de près pour se garder une poire pour la soif,
car il aura des dépenses souvent élevées,
auxquelles il lui sera impossible, peut-être,
de se soustraire. Il lui faudra tenir son rang,
c'est-à-dire habiter un logis luxueux, avoir
au moins un ou une domestique, subir des
réceptions, aller à la montagne ou à la mer,
prendre part à des fêtes coûteuses, en un mot
dépenser une bonne partie de son traitement
pour ce qu'on appelle le luxe et la mode.
Rompre avec ces coutumes, ce sera, sans doute
pour lui, s'éloigner de ses collègues, se faire
la réputation d'un ennemi de la société et
s'exposer à être diminué dans la considération
des autres. Cependant, va-t-il se priver du
nécessaire pour parvenir à faire étalage de

luxe, pour paraître ? Ce serait peut-être un calcul favorable à sa réputation, mais en tout cas nuisible à sa bourse et à sa santé. Le mieux sera sans doute de ne point se préoccuper du « qu'en dira-t-on » ; de poursuivre honnêtement son existence dans la mesure de ses moyens, de s'adonner à des travaux intellectuels qui grandissent l'homme, l'assagissent et lui donnent des satisfactions pures et réelles ; de remplir ponctuellement son devoir ; de faire fi de tout ce qui est toilette, luxe et mode ; de ne souffrir aucune dépense qui n'aura point le but d'augmenter le bien-être familial ; de rejeter les fêtes dispendieuses et inutiles ; de pourvoir ses enfants d'une instruction solide ; d'établir le compte de ses dépenses et de prélever chaque année sur son traitement une partie assez importante pour se former un capital qui sera capable de lui donner de beaux intérêts. Qu'importe le reste ? Ne faut-il point, avant tout, penser aux siens, créer le bien-être dans son foyer et éviter les dettes ou la gêne dont les premières victimes seraient d'innocents enfants à qui l'on n'aurait point demandé leur consentement pour faire ces dépenses exagérées, et à qui l'on volerait le montant de ces sommes gaspillées ?

Etablissez donc votre genre de vie sur les bases toujours respectées de la morale, de l'honneur, du travail, de l'économie. Plaignez votre collègue s'il est assez faible pour s'engager dans des dépenses au-dessus de ses moyens dans le but de paraître, pour imiter ceux qui peuvent se livrer à de plus grandes dépenses sans danger, ou pour craindre les railleries des sots. Pour vous, vivez tranquillement à l'abri de votre foyer, au milieu de votre famille ; vivez caché ; c'est encore l'un des meilleurs moyens de vivre heureux, comme l'a dit le fabuliste.

Vous aurez assez de quelques amis véritables avec qui vous échangerez des idées, à qui vous communiquerez vos impressions, à qui vous pourrez confier sans crainte vos joies et vos peines. Choisissez ceux qui ont le plus de franchise et de sincérité, de noblesse de cœur et de simplicité de manières. Jamais ils ne vous causeront d'ennuis d'aucune sorte, ni ne vous engageront dans les sentiers d'un luxe effréné et coûteux ; comme vous, ils aimeront tout ce qui est simple. Ayant les mêmes goûts, vous serez bien faits pour vous entendre et, par vos relations, égayer votre existence et ajouter à votre bonheur. L'homme est fait pour vivre en société. Cela ne signifie point qu'il doit se lier intimement avec tout le monde et ne point limiter le nombre de ses amis. Dans ce cas ainsi que dans beaucoup d'autres, la qualité vaut mieux que la quantité. Peu d'amis, mais sûrs et sincères : telle doit être votre devise, si vous ne voulez point éprouver de grands désagréments. Les relations sont souvent des causes de dépenses. Vous ne dînerez point chez des amis sans qu'il vous en coûte au moins un grand dîner que vous rendrez. Si vos amis sont nombreux, les dépenses de réception se répèteront souvent. Il en sera avec qui vous serez obligés à plus de cérémonie et par conséquent de dépenses. Au contraire, avec quelques amis simples comme vous, vous ne serez entraînés à aucun frais. Les repas que vous échangerez seront dépourvus de toute pompe et de tout apparat. Ils seront des prétextes à relations amicales simplement, sans qu'il y soit fait un vain étalage de toilette ou d'autres futilités du même crû.

Ne vous liez jamais avec des personnes au-dessus de votre condition. Vous voudriez les imiter ; vous feriez comme la Grenouille à l'égard du Bœuf et c'est le même résultat que vous obtiendriez. Combien en est-il de familles qui se sont appauvries ou ruinées pour n'avoir point su rester dans leur milieu et avoir voulu marcher de concert avec de plus riches ? Il y a là un grand danger contre lequel il est de toute nécessité de se prémunir, car il conduit à une culbute certaine. Si vous disposez annuellement de 4.000 fr. de recettes, par exemple, allez-vous, dans le désir de vivre sur le même pied que vos amis qui ont dix mille francs de rentes, grever votre budget de quelques milliers de francs et courir à la misère prochaine ? Qui vous en saurait gré ? Ce ne seraient certes point vos amis qui seraient les premiers à railler votre naïveté et votre orgueil, et à vous abandonner dans la détresse.

Qui crie trop fort brise sa voix. Qui vise

trop haut tombe de plus haut et par conséquent plus bas qu'un autre.

Songez surtout à commencer votre façon
de vivre économiquement dès les premiers
temps du mariage. Les premières économies
sont toujours les plus profitables, en ce sens
que, restant plus longtemps placées, elles
augmentent plus le capital et excitent le désir
d'épargner. Réussissez-vous à obtenir ainsi
un petit capital de 10.000 fr. à 30 ans, par
exemple ; vous aurez, à 31 ans, à 3 % 10.300
francs auxquels vous ajouterez de nouveau
vos économies de l'année ? Cet intérêt annuel
de 300 fr. par exemple, sera comparable à
une augmentation naturelle de votre traitement, et si vous gagnez 4.000 fr. net dans
votre profession, vous pourrez compter que
votre traitement annuel est de 4.300 francs
et ainsi de suite. A quarante ans, votre capital
sera considérablement grossi en procédant de
cette façon et en comptant les augmentations
périodiques de traitement qui ont lieu dans
la plupart des professions dont nous parlons.
Vous serez donc arrivé à la fortune entre
quarante et cinquante ans, à l'âge où il est

permis de songer à prendre quelque repos. Votre existence se sera poursuivie jusqu'alors d'une manière plus tranquille et plus renfermée que certains de vos collègues, amis des fêtes et du luxe. Ce sera le moment de comparer et de voir laquelle des deux situations sera la meilleure, et qui, des deux, aura joui de plus de bonheur véritable.

Il n'y aura point de doute. Pendant que l'un sera blasé et fatigué de tous les plaisirs ; que rien ne pourra plus lui donner de joies assez neuves ou inédites pour éveiller sa curiosité, l'autre, n'ayant point abusé des plaisirs, trouvera des charmes répandus à profusion sur sa route. L'un devra continuer de travailler pour satisfaire ses besoins toujours coûteux et dont il lui sera impossible de diminuer l'importance ; l'autre jouira d'un repos salutaire avec les rentes qu'il aura pu amasser.

Les économies sont bien plus faciles à réaliser chez ces derniers qui gagnent beaucoup que chez l'ouvrier dont le salaire est rarement élevé. Fuyez le luxe toujours coûteux. Vous pouvez vous habiller coquettement et décemment à peu de frais, acquérir un mobilier

simple et convenable, vous dispenser de toutes
sortes de futilités dispendieuses autant qu'en-
combrantes. Evitez les nombreuses réceptions ; n'allez point au spectacle sans vous
rendre compte de ce que ce plaisir vous coûte ;
ne prenez point de goût pour l'apéritif quotidien qui grève énormément et inutilement le
budget. Pensez surtout au bien-être de votre
foyer vers lequel toutes vos ressources doivent converger. Cela ne signifie pas qu'il
faille vous priver de tous les plaisirs et rester
constamment chez vous, avec l'unique préoccupation d'éviter les dépenses : vous goûterez
au contraire, d'autant plus de joies à vous
octroyer un plaisir de temps en temps, parce
qu'il sera plus rare et que vous ne serez pas
blasé. Celui qui va au théâtre une fois par
mois s'y amuse davantage qu'un autre que
l'on y rencontre chaque soir. Le bonheur est
relatif. On ne peut pas nous le servir à jet
continu. Nous ne l'apprécions réellement
que si nous avons fait quelques sacrifices pour
l'obtenir et que si la dose en est rare et mo-
dérée.

Dans n'importe quelles circonstances, ne

vous lancez jamais dans des dépenses sans
vous être assuré à l'avance des ressources
dont vous disposez. Faites votre budget.
Inscrivez-y toutes les dépenses nécessaires
du mois ou de l'année ; réservez toujours une
bonne place aux économies. Celles-ci ne sont-
elles point élevées comme vous le désireriez,
voyez où vous pourriez rogner un peu. Mais
n'y touchez jamais pour les diminuer ; consi-
dérez-les sur votre compte comme des dépenses urgentes et vous aurez le plaisir, à la fin
de l'année, de pouvoir les prendre intégrale-
ment ou un peu grossies, pour les placer à
intérêts, lesquels, comme nous le disions tout
à l'heure, viendront s'ajouter à votre traitement et vous permettront d'inscrire à votre
article « Recettes », un chiffre plus important.

. Nous disons plus loin quelques mots du
placement de ces économies. Chacun saura
bien discerner les bons placements des mauvais, et ne se laissera point entraîner par le
goût des trop gros bénéfices ou intérêts qui,
souvent, mettent en danger le capital placé.
Inutile de placer sous les yeux de nos lecteurs

des budgets de famille : qui ne connaît les choses indispensables à son ménage, et celles dont on peut se passer sans inconvénient ?

Nous éviterons aussi de parler des personnes riches, pour la raison qu'elles ont déjà ce que nous conseillons d'acquérir : la fortune. Nous leur dirons simplement qu'elles conservent cette fortune que des parents ou la réussite des affaires leur ont procurée ; qu'elles fassent le bien autour d'elles ; qu'elles aident ceux qui ont de réels dons et qui sont pauvres, et que loin d'elles soient rejetées les passions d'un luxe immodéré, d'une vie menée à trop grandes guides, du jeu, etc., choses qui viennent à bout des plus grandes fortunes. On ne peut pas toujours s'arrêter quand on glisse sur la pente : il est alors trop tard. Il sera préférable de ne s'y point engager.

CHAPITRE VI

Derniers Conseils

Dans un précédent chapitre, nous avons parlé des économies, des procédés à employer pour en réaliser sûrement, et nous n'avons fait qu'effleurer la question de placement, nous étant réservé le plaisir de nous étendre davantage sur ce sujet en un chapitre spécial.

Le premier besoin que l'on éprouve dès que quelques économies sont disponibles, est de les mettre en sûreté, c'est-à-dire à la Caisse d'Epargne.

Vous pouvez vous adresser pour cela au Receveur des Postes — ou à votre facteur si vous n'habitez pas une commune chef-lieu de bureau de poste — il vous indiquera la marche à suivre, qui est bien simple, pour faire un versement à la Caisse d'Epargne postale. Sur votre demande écrite, il vous

sera délivré un livret sur lequel vous trou-
verez, au fur et à mesure de vos besoins,
toutes les instructions nécessaires concernant
les versements et les remboursements. Cette
Caisse d'Epargne est placée, par la loi du
1er avril 1881, sous la garantie immédiate et
absolue de l'Etat. Elle sert aux déposants
un intérêt annuel de 2 fr. 50 %. Chaque versement ne peut être inférieur à un franc ni
supérieur à 1.500 fr. Il n'est guère besoin de
se déplacer pour effectuer un versement ou
obtenir un remboursement. Il suffit de remplir une demande imprimée, de la remettre
au facteur contre reçu, et l'opération sollicitée
a lieu dans un délai de quelques jours. Le
titulaire d'un livret peut opérer ou faire opérer
ses versements dans tous les bureaux de poste
de France, de Corse, d'Algérie, de Tunisie ; il
peut demander le remboursement de ses
fonds dans les mêmes bureaux ou donner à
cet effet procuration à un tiers.

La Caisse d'Epargne ordinaire diffère de
la Caisse d'Epargne postale en ce que son
intérêt annuel est généralement de 3 % et
qu'il y a lieu de se rendre au local de la Caisse

ou dans une succursale pour une opération quelconque. Le remboursement se fait moins rapidement et nécessite quelque dérangement, surtout si l'on habite une localité éloignée du bureau de la Caisse d'Epargne.

Une même personne ne peut posséder à la fois un livret de la Caisse d'Epargne postale et un livret d'une Caisse d'Epargne ordinaire, sous peine de perdre l'intérêt de la totalité des sommes déposées. Elle ne peut pas davantage être titulaire de deux livrets de la même Caisse. Cette interdiction ne concerne qu'un même déposant, et il peut être délivré autant de livrets individuels qu'il y a de personnes composant une même famille.

Quand la somme inscrite sur un livret atteint ou dépasse 1.500 fr., la Caisse d'Epargne — ordinaire ou postale — achète pour le compte du titulaire de ce livret, un titre de rente sur l'Etat. Si telle n'est point l'intention du déposant, celui-ci peut demander un remboursement partiel avant que ses économies atteignent 1.500 francs.

On sait que les ressources ordinaires de

l'Etat sont fournies par les impôts, directs
et indirects. Mais si, par suite d'un événement
grave, l'Etat est obligé à des dépenses
extraordinaires, il préfère, au lieu d'augmenter les impôts, contracter un emprunt, c'est-à-
dire demander de l'argent à ceux qui veulent
lui en prêter. De son côté, il s'engage, non à
rembourser ce capital, mais à payer perpé-
tuellement l'intérêt : c'est la rente perpé-
tuelle. Alors chaque prêteur reçoit un titre
de rente qui lui donne droit de toucher l'intérêt. L'Etat peut, dans certains cas, se réserver la faculté de rembourser ; c'est ainsi
qu'en 1878, l'Etat français, lors d'un emprunt,
a pris l'engagement de rembourser, par parties chaque année, c'est-à-dire d'amortir le
montant de cet emprunt en 75 ans : c'est la
rente amortissable. Il y a donc deux espèces
de rentes françaises : le 3 % perpétuel et le
3 % amortissable.

Les rentes dues par l'Etat sont inscrites
sur le Grand-Livre de la Dette publique.

Le titre de rente ne porte pas le montant
de la somme prêtée, mais seulement la rente
convenue. Il peut être acheté ou vendu. Son

prix varié comme toute marchandise, mais il est évident que le chiffre de la rente est toujours le même. Ces ventes et ces achats se font à la Bourse, par l'intermédiaire d'un agent de change qui, seul, peut donner de l'authenticité au contrat de vente et d'achat des fonds publics et qui prélève un droit de commission ou de courtage de 0 fr. 125 pour 100 fr. de capital, soit 1 fr. 25 pour 1.000 fr. Il faut ajouter à cela l'impôt de l'Etat, soit 0 fr. 10 pour 1.000 fr. de capital ou fraction de 1.000 fr.

Le prix auquel se vend un titre de rente s'appelle le cours de cette rente. S'il est aujourd'hui de 89 fr. par exemple, il peut s'élever demain à 90 fr. et descendre le jour suivant à 88 fr. Quand le cours atteint 100 fr., on dit qu'il est au pair.

Le payement des rentes se fait au Trésor, à Paris et dans toutes les Caisses de l'Etat, sur la présentation, à chaque échéance, de petites bandes de papier que l'on détache du titre même et que l'on nomme coupons.

Les titres sont nominatifs ou au porteur, suivant qu'ils portent ou ne portent pas le nom du propriétaire de la rente. On appelle arrérages les termes échus et qui n'ont pas été touchés. Il y a prescription au bout de cinq ans pour les arrérages. Il faut toujours tenir un double des numéros de ses titres ; en cas de perte ou de vol, on doit donner sans retard ces numéros à son homme d'affaires.

Quand une Compagnie se fonde pour exécuter de grands travaux, comme les chemins de fer, par exemple, ou pour exploiter des mines, des forêts, etc., ou pour l'établissement d'une usine, ou pour faciliter le commerce, l'industrie ou l'agriculture comme la Banque de France, le Crédit foncier, etc., elle demande au public l'argent dont elle a besoin. Le capital nécessaire est partagé en un certain nombre de parts qu'on appelle actions. Celui qui achète une ou plusieurs de ces actions devient actionnaire. La Compagnie s'engage généralement à lui payer un intérêt fixe plus un dividende, c'est-à-dire une part dans les bénéfices, proportionnelle à sa mise de fonds. L'actionnaire supporte les pertes s'il s'en produit, mais pas au-delà du capital qu'il a souscrit.

C'est donc à lui de ne prendre d'actions que dans les affaires qui offrent toutes les garanties possibles de sécurité.

Une Compagnie constituée par actions, un Etat, une Ville, peuvent avoir besoin de faire un emprunt. S'ils offrent des garanties (propriétés, matériel, capital action de la Société, etc.), ils émettent des obligations, c'est-à-dire des titres donnant droit à un intérêt fixe, mais ne participant ni aux bénéfices ni aux pertes. Pour exciter les souscripteurs, on offre souvent des lots aux premiers numéros qui sortent à chaque tirage. Les autres obligations sont remboursées au taux d'émission, à des époques déterminées. Le placement en obligations est toujours plus sûr que le placement en actions ; ce dernier peut être plus avantageux, mais il y a des risques à courir que l'on évitera en surveillant la marche de l'entreprise.

Les actions et les obligations se négocient à la Bourse, comme les rentes sur l'Etat, par l'intermédiaire des agents de change. Les frais de courtage sont généralement les mêmes que dans le cas précédent. Les établissements

de crédit où peuvent se faire toutes les opérations. — ventes et achats de titres, paye-
ments de coupons, etc. — sont nombreux en
France. Il n'est point de petite ville qui ne
possède le sien. Il y a lieu de s'enquérir de
l'honorabilité de la maison avant de s'y
adresser. Des banquiers malhonnêtes ont jeté
un discrédit sur la corporation ; mais un grand
nombre de ces hommes d'affaires et de ces
Sociétés de crédit traitent les affaires avec
assez de loyauté pour être au-dessus de tout
soupçon. Il s'agit de ne point se tromper
d'adresse, d'éviter de s'emballer et de s'assurer avant tout du bon renom, loyalement
acquis, de la maison avec laquelle on opère.
Sachez ce que vous désirez avant d'acheter
une valeur quelconque ; prenez des références
auprès d'amis sûrs, pondérés, sérieux et
évitez de vous laisser prendre à acquérir, sans
renseignements précis et étude approfondie,
une valeur, quelle qu'elle soit. Toutes les
valeurs sont bonnes pour qui les vante et
pour qui trouve un avantage considérable à
cela : même les plus mauvaises et qui n'ont
d'autre valeur que la valeur matérielle du

papier. Vous ne pouvez pas, sans courir
un grand danger, vous exposer à acheter une
action sur une industrie, sur une exploitation,
sans avoir au moins entendu quelque connais-
seur vous parler de cette industrie ou de cette
exploitation, sans avoir lu sur des journaux
sérieux, non intéressés à l'une ou à l'autre
affaire, des relations documentées sur leur
fonctionnement. Il s'est trouvé, en ces temps
derniers, des hommes d'affaires qui n'ont pas
craint de lancer des émissions sur des entreprises qui n'existaient pas et qu'à dessein, ils
plaçaient en des régions lointaines. Des journaux cependant entretenaient leurs lecteurs
des succès toujours croissants de ces entreprises, mais il était facile de deviner que
c'étaient des feuilles intéressées à le faire,
créées même uniquement pour cet objet. Il
faut se défier des louanges sans mesure
comme des entreprises que nous ne pouvons
visiter. Pourquoi ne point confier plutôt vos
économies à des industries françaises, dont
vous pouvez entendre parler par des gens
qui auront contrôlé leur valeur ? Parce
qu'elles servent un intérêt moins élevé,

dites-vous ? Eh ! prenez-vous pour rien la sécurité de votre placement ? Ne vaut-il pas mieux toucher un intérêt moindre et ne pas risquer de ne plus retrouver son capital ? Et puis, c'est une affaire de patriotisme. Si vous faites prospérer l'industrie française, vous enrichirez votre pays ; vous serez enrichis par là même. L'industrie, prospérant, nécessitera un plus grand nombre d'ouvriers ; il faudra une production de matières premières plus considérable ; le commerce marchera et chaque Français y trouvera son avantage et un avantage inappréciable à tous les points de vue.

Ne donnez point votre argent au premier venu, quel que soit le langage alléchant qu'il vous tienne. A bon vin pas d'enseigne. Sachez discerner et deviner si vous avez affaire à un honnête homme ou à l'un de ces personnages dont l'unique industrie consiste à vider les porte-monnaies... des petits capitalistes surtout. L'expérience prouve qu'il est nécessaire d'agir avec une grande prudence et de ne livrer ses fonds qu'autant qu'on s'est assuré de sérieuses garanties. Les moyens pour en arriver à ce résultat ne manquent pas. Il est encore d'honnêtes gens en notre beau pays de France, et nous devrions précisément encourager et aider les hommes d'affaires qui travaillent avec la même ardeur dans l'intérêt de leurs clients que dans leur intérêt propre.

On a vu, en ces temps derniers, des banquiers ou soi-disant tels, dilapider les fonds qui leur étaient confiés. N'était-il point évident, pour un esprit avisé, qu'il ne pouvait en être autrement ? Quand un homme fait des dépenses exagérées, qu'il se prodigue en promesses fallacieuses, en discours intéressés, en réclames coûteuses, peut-il réellement inspirer la confiance au capitaliste sérieux qui exige plutôt, pour sa sécurité personnelle, une garantie sûre et indéniable ? Les superbes discours n'ont, pour ce dernier, aucune valeur. Il ne s'y arrête même pas. Ce qu'il lui faut et qui lui suffit, c'est l'assurance que les capitaux qu'on lui demande d'engager ne seront pas perdus ; et il ne se trompe pas souvent, parce qu'il est froid, réfléchi, réfractaire à l'emballement, et à la séduction que peut exercer sur lui un adroit banquier.

Les valeurs s'achètent et se vendent au comptant : c'est, du reste, le procédé le plus logique. Il y a aussi les marchés à terme, ainsi appelés parce que la livraison des valeurs n'a jamais lieu qu'à une époque plus ou moins éloignée de celle du marché. Les opérations au comptant sont sérieuses, car elles obligent et le vendeur et l'acheteur. Il n'en est pas de même des opérations à terme, qui ne sont, le plus souvent, qu'une simple spéculation. Ainsi on achète et on vend sans nulle intention de payer ou de livrer, mais simplement parce qu'on espère réaliser un bénéfice par suite de la fluctuation du cours, excepté pour le marché ferme qui oblige le vendeur et l'acheteur, comme le marché au comptant.

Ne vous laissez pas prendre à une combinaison qui peut figurer sur les journaux et qui consiste dans la vente de la participation aux tirages de quelques valeurs à lots, moyennant un faible versement mensuel. Il arrive que le grand nombre des lots annoncés, formant invariablement des millions au total, peut tenter même les gens les plus sérieux.

Mais en raisonnant quelque peu, vous vous apercevrez bien que le nombre des participants à un lot qui aurait chance de sortir, est très grand, de sorte qu'en divisant le lot, si important soit-il, par le nombre des participants, la partie du lot qui vous sera servie, devra être, naturellement, très faible. Du reste, le banquier peut faire à chaque participant la part qu'il voudra, puisque les souscripteurs ne se connaissent pas entre eux et ne savent pas d'une façon exacte combien ils seront à se partager le lot. Enfin, cette combinaison est illégale : son rôle est surtout d'enrichir celui qui l'exploite au détriment de ceux qui manquent d'assez de circonspection pour n'y pas découvrir un trompe-l'œil.

Ne donnez jamais une somme quelconque à un inconnu, même contre reçu. Ce reçu pourrait être faux et il ne vous servirait à rien. Il passe quelquefois dans les villages et dans les villes de ces escrocs qui se disent représentants d'une maison de commerce plus ou moins importante et qui vous demandent si vous avez l'intention d'acquérir un objet quelconque, de verser un acompte, comme c'est l'usage de leur maison. Cet acompte est leur profit et l'objet que vous convoitez ne vous parvient jamais.

N'apposez jamais votre signature sur une feuille blanche qui vous est présentée. Savez-vous ce qu'on écrira au-dessus ? Ne signez pas davantage un contrat quelconque dont vous n'aurez pas compris parfaitement tous les termes. Certaines affaires — surtout celles qui paraissent très pressées à celui qui veut les traiter avec vous — demandent beaucoup de réflexion. Demandez un délai pour vous documenter ; il sera toujours temps de traiter votre affaire, si elle est loyale et si vous y trouvez l'avantage que vous recherchez. Combien de personnes ont été ainsi trompées, pour avoir trop précipitamment cédé aux instances d'un monsieur qui ne trouvait aucun inconvénient à faire signer tel contrat, à faire verser une somme quelquefois rondelette. Evidemment, il n'existait nul inconvénient pour lui, mais il n'en était pas de même de son client qui, plusieurs jours après, mais trop tard, pouvait se rendre parfaitement compte de l'escroquerie dont il avait été victime. Remarquez en passant que ces escrocs ont souvent une mise aussi impeccable qu'élégante, et que vous craindriez peut-être, en leur résistant, de froisser des personnages importants : n'ayez point cette crainte. Les apparences sont souvent trompeuses et c'est précisément le bel habit qui joue, en ce cas, le plus grand rôle.

Si vous êtes commerçant et qu'un inconnu vienne changer chez vous une pièce de monnaie, un louis, par exemple ; faites attention. Vous serez peut-être en présence du plus honnête homme du monde, mais il se pourra aussi que vous ayez affaire à un habile escroc qui saura attirer sur un autre sujet votre attention et profiter de votre distraction d'un instant pour reprendre à la fois et la monnaie que vous lui allongez et le louis qu'il aura gardé à vue et glissé dans sa main, vous laissant en l'esprit l'assurance intime que le louis a été rangé par vous tout d'abord. Dans neuf cas sur dix, ces habiles voleurs réussissent ce coup d'audace. Allez-y donc franchement et méthodiquement quand vous maniez de l'argent. Placez votre monnaie sur votre table ou comptoir et exigez que le louis reste là jusqu'au moment où se fait l'échange ; de cette façon, il n'y a ni équivoque ni doute. Vous comptez votre monnaie ; le monsieur la prend pendant que vous versez le louis dans votre tiroir. Si vous vous sentez incapable d'opérer ainsi, dites au monsieur inconnu que vous n'avez point de monnaie et que vous le regrettez. Souvent cet inconnu aura fait, au préalable, une acquisition quelconque de peu d'importance, pour ne point éveiller les soupçons ; refusez quand même la monnaie. Vous verrez bien, il vous paiera si c'est un escroc. En tout cas, il vaudrait mieux perdre quelques sous que de s'exposer à perdre vingt francs. Nous répétons qu'il faut éviter de voir dans toute personne qui voudrait faire l'échange d'un louis contre de la monnaie, un voleur de profession. Il est évident que l'homme le plus probe du monde peut se trouver sans aucune monnaie et avoir besoin, pour s'en procurer, d'entrer chez un commerçant. Il y a le tact et la manière.

Il est d'autres genres d'escroqueries, d'abus de confiance, etc., contre lesquels il faut se mettre en garde. Ils sont multiples. Il en est évidemment d'inédits : un peu de défiance et de sang-froid vous en préservera.

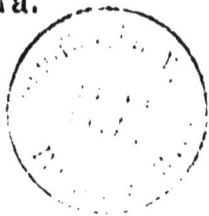

TABLE

Paris — Imprimerie des Editions Presse Française